Vorwort

Dieses Buch hat nicht ohne Grund den Untertitel „Surrealistische Kurzgeschichten". Bevor man dieses Buch in die Hand nimmt, sollte man sich die Frage stellen, was überhaupt surreal … und was real ist?

Das Wort „Surrealismus" bedeutet wörtlich „über dem Realismus" oder „jenseits des Realismus" beziehungsweise über der Wirklichkeit oder jenseits der Wirklichkeit. Die meisten dieser Geschichten versuchen das Unwirkliche und Traumhafte sowie die Tiefen des

Unbewussten auszuloten. Dennoch überlasse ich es dem Leser Geschichte für Geschichte, inwieweit er eine nichtrationale und eine Gefühle betonende Welt des Traums in den Vordergrund stellt oder nicht.

Unabhängig vom Surrealismus oder Realismus, entstanden alle Geschichten aus Beobachtungen. Zeitungen, Funk und Fernsehen, aber vor allem das Leben auf der Straße inspirierten mich.

Kritische, abfällige Wort, aber auch Lobende, begeisternde Worte waren der Grund für mich, die-

se Geschichten zu veröffentlichen.

Herstellung und Verlag:
Books on Demand GmbH, Norderstedt
ISBN: 978-3-8370-2692-4

Dankeschön

Ich danke Sinikka Schneider für die Korrektur und Alexander Scharz für die Zeichnung des Eisbären.

Außerdem danke ich all den Menschen, die mir den Mut gaben, dieses Buch zu veröffentlichen.

Es wird kälter...

Montag

Alles andere erzähle ich dir später, die Zeit ist jetzt noch nicht reif. Gestern haben wir noch über heute diskutiert, heute haben wir gestern vergessen. Heute gibt es nichts worüber ich reden möchte. Es ist Wochenende, ich möchte meine Ruhe haben, ab Montag bin ich wieder für dich da.

Ach ja, Montag musst Du ja früh zur Arbeit und ich habe die Kinder.

Mit ihnen kann man nicht diskutieren, sie wollen sich ihre Haare kurz scheren, und ich bekomme eine Glatze, darüber kann man denken wie man will, es steht nicht zur Diskussion.

Jetzt ist Schluss, ich erschieße meine Frau, quäle meine Kinder zu Tode, denn erst dann freut sich mein Psychiater, dass wieder etwas mit mir geschieht und mein Ego gebärt einen einarmigen Samariter.

Das Rosenfeld

Wer sich in das Rosenfeld hin-
einwagt, um sich an dem Duft zu
erfreuen, kommt nicht am
Schmerz der Dornen vorbei, der
dich bis in den tiefsten Schlund
deiner Qualen trifft.

Lebendige Abstraktion

Die Abstraktion des normalen Lebens ist es, das Unnormale zu vergessen und zu einem lebenswerten Großen zu streben.

Es fällt auf, wenn man sein T-Shirt falsch herum trägt. Die Leute sprechen einen darauf an. Ziehst du darüber jedoch einen Pullover an, interessiert sich keiner mehr für das T-Shirt. Niemand wird es wagen unter deinen Pulli zu gucken.

Wie herum trägt man ein T-Shirt? Was ist normal?

Das Unnormale ist der Pulli, da er das Normale versteckt.

Lebe abstrakt, aber lebe normal.

Ich für mich werde es neu lernen müssen, lernen zu leben, lernen glücklich zu sein.

Nichts daran ist abstrakt, nichts daran ist erstrebenswert es lernen zu MÜSSEN.

Sieben

Über sieben Brücken gegangen,

über die sieben Berge marschiert,

die sieben Zwerge nicht gesehen,

die sieben Leben ausgeschöpft,

sieben Tode schon gestorben,

sieben Jahre alt,

Leukämie.

Bei den Maulwürfen

Ich liebe Dich, ich kann es Dir sagen ohne Bedenken und will es Dir zeigen, dass selbst die Maulwürfe freiwillig einen Kontaktlinsendauervertrag abschließen. Sehen tun sie vielleicht nicht besser, aber darauf kommt es auch gar nicht an, sie werden wach von der Vibration der Erde und ihre Hügel werden zu Vulkanen. Sehend, fühlend und immun gegen Lava, allein die Hitze macht sie glücklich.

Hab auch Du keine Angst vor der Lava, beobachte die Maulwürfe genau, sie kennen mich und fürchten sich genauso vor den Nichtwissenden.

Manchmal fahre ich mit dem Fahrrad bergauf und vergesse zu treten, manchmal rede ich mit mir selbst, ohne mich zu hören und manchmal schlafe ich mit offenen Augen, um keine Sekunde mit Dir zu versäumen.

Am schlimmsten ist der Morgen, wenn die Maulwürfe schlafen gehen, dann trennen sich auch unsere Wege und das Verdampfen der Feuchtigkeit Deines Kusses auf meiner Stirn verursacht Sehnsüchte, die einer wild gewordenen Schar von Gazellen ähneln.

Ja, ich liebe Dich, frag die Maulwürfe und falls sie mal schlafen sollten, frag ihre Optiker. Einer von beiden kann Dir immer einen Rat geben. Ansonsten komm zu mir, wir werden sie gemeinsam finden und sie wecken gehen, e-gal wieweit wir graben müssen, egal bis wohin wir sehen können, egal wie viel Dreck uns im Wege liegt. Zeit haben wir genug, wir lassen uns nicht hetzen, wir sind nicht die Beute. Zwar kommen die Wölfe nachts auch zu uns, aber ich werde sie mit blauen Rosen verschütten.

Versteck Dich nicht, Du hast es nicht nötig. Sieh in den Spiegel und Du wirst einen Menschen finden, den Du noch nie so gesehen hast. Die Maulwürfe schauen Dir geblendet über die Schulter und flüstern Dir alte Kinderlieder ins Ohr. Sie nehmen sich gegenseitig ihre Brillen ab und schlafen geborgen auf Deinen Schultern ein.

Weck sie nicht, lass sie schlafen, sie haben es sich verdient. Und wenn Du sie mal nicht siehst, geh zum Spiegel, dort liegen sie unverändert, von Deiner Nähe berührt.

Denk nicht an die Wölfe, sie finden nicht den Weg in unseren Zauberwald.

Hab keine Angst, geh meinen Weg, hab keine Angst, geh Deinen Weg, hab keine Angst, geh unseren Weg, und..., falls wir uns mal verlaufen sollten, treffen wir uns bei den Maulwürfen.

Ost-West-Beziehung

„Wir, im Osten, haben noch Prinzipien!"

„Wir, im Westen, haben noch Träume!"

Abendmahl

Ich habe den Präsidenten aufge-
gessen. Geschmeckt hat er zwar
nicht, aber ich durfte ja noch nie
etwas auf dem Teller lassen.

Es war eine reichliche Portion und
ich hatte daran ganz schön zu
knabbern. Ich hatte an Erbrechen
gedacht, die Übelkeit war unerträglich, doch Bissen für Bissen
vergaß ich und als ich es dann
endlich geschafft hatte, sah mich
meine Mutter wieder glücklich an
und erkannte die *Glückseligkeit* in
ihren Augen.

Sternenbruch

In einer Zeit, in der die Menschen sich noch beim Namen nannten, brach irgendwo dort oben ein Stern auseinander und seine zwei Teile verirrten sich auf unsere Erde.

Die Menschen sahen zwei Lichter am Himmel, deren Schönheit alles andere übertraf.

Die zwei Teile jedoch weinten sehr als sie hier ankamen, denn jedes hatte ein Stück von sich verloren. Alles war fremd, alles so groß und neu und die Einsamkeit verschlang ihre Herzen.

Nachdem sie schon eine ganze Weile herumirrten fiel es ihnen immer schwerer, sich daran zu erinnern wie der andere Teil ausgesehen hat, aber das Gefühl für den anderen verloren sie nie.

Sie trafen bei ihrer Suche sehr viele andere Teile, zerbrochene Steine, die ihrer zweiten Hälfte sehr ähnlich waren, aber sie passten nie richtig zusammen und konnten sich keinen Halt geben, so dass alles immer wieder auseinander fiel.

Eines Tages jedoch, als sie die Hoffnung und Wahrheit schon fast aufgegeben hatten, trafen sie sich wieder. Es fühlte sich gut an, obwohl durch ihre lange Reise einiges eckiger und kantiger geworden war und sie schon befürchteten, gar nicht mehr zusammenzupassen, nie mehr eins werden zu können.

Doch sie entschlossen sich durch Anschmiegsamkeit die Wunden zu glätten, um zu ihrer alten Wärme und zu einem neuen Licht zu gelangen.

Viel Glück euch Zweien, auf eurer neuen Reise, viel Glück euch Zweien, dass ihr wieder leuchtet. Wir brauchen euch, wir haben euch noch nicht aufgegeben. Wir,

die die Menschen noch beim Namen nennen.

Lauf schnell

Lauf schnell, es regnet, du wirst nass, die Tropfen holen dich ein.

Lauf schnell, aber überhol keinen, es könnte dich jemand bemerken und das gleiche tun. So entstehen Kettenreaktionen, ohne dass Du es willst.

Lauf schnell, für Pausen ist keine Zeit, ich bleibe auch nicht stehen und bin dicht hinter dir.

Versuch es mit kleineren Schritten, sie bringen dich auch zum Ziel und Du wirkst von hinten dann mehr wie eine Frau.

Lauf schnell und weine nicht. Die Tränen werden vom Regen verschlungen und dein Gesichtsausdruck wird lächerlich.

Lächerlich bist Du ohnehin schon, damit musst Du Dich abfinden. Ich bin nur froh, dass ich nicht in Dein Gesicht sehen muss.

Lauf schnell, die Wölfe kommen. Sie sehen mich, aber wollen Dich. Lauf schnell, ich verstecke mich in der Zwischenzeit.

Ich wünsche Dir viel Glück !

Glück gehabt...

Ein Aktionär im Nadelstreifenan-
zug geht frustriert die Treppe hin-
ab. Er hat alles verloren, er hat
nichts mehr, und er weiß, dass er
Nichts nicht mehr verdoppeln
kann.
So setzt er sich an die nächste
Kirche, bis eine alte Frau ihm eine
Mark zuwirft und geht erhobenen
Hauptes die Treppen wieder hinauf.

Eine alte Frau, die gerade ihren
Mann verloren hatte, ging durch
die Stadt und fand in der Gosse

eine Mark. Sie quälte sich zu ihr herab, hob sie auf, ging weiter, gab sie einem Landstreicher der an einer Kirche saß und ging die Stufen zu der U-Bahn-Station hinunter.

Beide hatten Glück gehabt!!!

Hahnenstreik

Russland, 90er Jahre, in einem Dorf in der Nähe der sibirischen Eiswüste.

Die Menge stand um beide herum, schrie, jubelte und keiner nahm in diesem Moment nur den kleinsten Hauch der eisigen Kälte wahr.

Konzentriert auf den Kampf, entwickelten sie sogar in ihrer abscheulichen Euphorie eine Art von Wärme, die vom Hass des Wahns getrieben wurde. In einfachster Form konzentriert auf den Tod.

Inzwischen kämpfen die beiden um ihr Leben, frieren und sehen sich gegenseitig bluten.

Das Lachen der anderen, waren das Leiden am eigenen Leib, die Schreie schmerzten, wie ein mit Metastasen versetzter Kopf.

Weinen war verboten, weglaufen auch. Was blieb, war der Traum vom Leben danach.

Als ihnen dieses im gleichen Augenblick bewusst wurde, begannen sie mit einem Streik.

Keiner kämpfte mehr, die Show war ein für alle Mal vorbei.

Die anderen tobten. Ihr Lachen verstummte und es entstand eine

Ruhe, die die beiden eine beson-
dere Wärme spüren ließ.

Zwei Schüsse fielen.

Die anderen gingen durchgefroren
nach Hause. Doch für die beiden
ist ein Traum in Erfüllung gegangen und keiner wird je vergessen,
wie sie mit einem Lächeln zu Boden gingen.

Die Dose

Mein Hase hat es nicht verstehen können, als ich ihm verraten habe, dass man im Supermarkt für Katzen und Hunde Kaninchenragout kaufen kann. Er hatte auch nach diesem Gespräch nichts persönliches gegen andere Tiere, er verstand nur nicht wie seine Brüder in diese Dose kamen. Er löcherte mich mit Fragen und ich hatte keine andere Wahl, als ihm ehrlich zu antworten.

Seine Augen sahen mich erschrocken an und mir war die Wahrheit peinlich. Er kannte einige Katzen und sogar einen Hund und war mit allen gut Freund. Er sprach mit ihnen über das herzhafte Kaninchenragout und die anderen Tiere standen teilnahmsvoll bei ihm.

An diesem Tag schaute mich mein Hase nicht mehr an und am nächsten Tag, als ich aus der Tür trat, um die Zeitung zu holen, biss mich ein Hund in die Wade.

Gärtner

Der Gärtner ist immer der Mör-
der!?
Dass ich nicht lache,
ich kannte mal einen Schlachter,
der hat ein Schwein umgebracht!!!

Tag und Nacht

Er lebt jetzt schon seit über 40 Jahren in Frankreich. Manchmal denkt er an uns zurück, aber er ist alt geworden und hat vieles vergessen.

Sein Geld ist gut angelegt, die eine Hälfte hat er in einem Schließfach in der Schweiz deponiert, zu dem es schon lange keinen Schlüssel mehr gibt. Die andere Hälfte versteckt er unter dem Kopfkissen seiner verstorbenen Frau. Das Geld stimmt, die Vergangenheit wurde verzinst und aus seiner Hütte tönt bayerische Musik.

Er kann schon lange kein Baguette mehr sehen und lebt tagein tagaus mit der Vorstellung, einem Franzosen eins in den Arsch zu schieben. Wie früher, nur dass es keine Baguettes waren und es waren auch keine Franzosen, aber das ist auch nicht entscheidend, denn es ist nur ein Traum und Träume sind was für die Nacht, doch es ist helllichter Tag.

Abends wird die Musik leiser, abends kommen die Erinnerungen wieder, nachts ist er wieder jung, nachts sieht er den Schlüssel wieder. Seine Frau hält ihn in der Hand, lacht und verschwindet mit einem Mann mit Schnauzer, den er von früher kennt und in der rechten Hand ein Baguette hält.

Morgens wacht er auf und aus seiner Hütte ertönt bayerische Musik.

Luzifer

Ich gehe gerne in die Disco, es ist so verraucht, dass man kaum gesehen wird und man kann laut furzen, ohne dass es irgendjemand hört. Außerdem, wann und wo steht man schon einmal zwischen zwei Frauen? Die eine für die Liebe, die andere für die Triebe!

Die eine hat Knochenkrebs im fortgeschrittenen und endgültigen Stadium, die andere nur ein Bein. Schön sind sie beide nicht, nein, schön ist etwas anderes. Aber dafür sind sie nicht alleine, ich bin für sie da, ich, der Mittelpunkt ihres Lebens.

Tanzen wollen sie nicht, es ist ohnehin zu schwer sich aufs richtige Tanzbein zu konzentrieren. Und so träumen sie nur von alter Musik, die noch nicht an diesem Abend gespielt wurde, und die einem Blockflötenkonzert einer 2. Grundschulklasse ähnelt, begleitet von einer einzigen Triangel, deren eine Seite von mir reserviert wurde.

Der Paukenschlag ertönt, das Konzert ist vorbei. Nur noch ein „Gute Nacht" vom Diskjockey ist zu hören, und ich führe meine

Frauen die Treppe hinunter und begleite sie nach Hause.

Sie wurden seit diesem Tag nie wieder in der Diskothek gesehen und sind vielleicht auch nie dagewesen.

Fragen wird ohnehin niemand, Fragen sind nichts für schwache Menschen.

Ich bin gar nicht da

Ich bin gar nicht da, ich existiere gar nicht erst. Wenn ich jetzt sterben würde, wärest du die einzige, die es erfährt. Doch du könntest es keinem sagen, keiner würde deine Tränen verstehen. Tränen um nichts, sind Tränen für mich.

Dein Schweigen sticht wie Nadeln in meinen Augen, dein Lachen macht mich ohnehin schon blind.

Wenn es soweit ist, wirf Blumen an mein Grab, blaue Rosen, alles andere kommt dann nur noch von der Grabpflege der Friedhofsgärtnerei.

Weine bitte nicht, denn ich liebe dich, schrei bitte nicht, denn ich werde dich immer hören, dein Schmerz wird immer auch mein Schmerz bleiben, aber verstehen wird dich niemand.

Es ist schon komisch wie ich dich liebe, das Leben erkenne ich wieder, die Schmarotzer werden von mir enttäuscht, meine Zimmerpflanze hat plötzlich wieder Überlebens-chancen. Nur meine Eltern kommen mit diesem Gefühlsschub nicht klar, schließen sich in ihrer Kleingärtnerkolonie ein und hoffen, dass ihr Kegelclub sie besucht. Auch sie werden nichts von meinem Tod erfahren, es würde sie nur noch betroffener machen.

Du bist es, die nächtelang heulen wird. Den Rest des Lebens Vollmond, der sich hinter grauen Wolken verirrt hat und nur am Tag zu dir hinunter schaut, doch nichts anderes sieht außer Punks, die am Stadtrand „no future" in ihre Handys flüstern. Ein langer Weg und ihre Haare funkeln von unten wie ein in Rente gegangener Regenbogen.

Ich bin gar nicht da und Du allein weißt es, weißt mich zu kennen, sorgst und kämpfst um mein Dasein.

Weine nicht armes Kind, wirf blaue Rosen an mein Grab und schreib in den Sand: Du warst wirklich da!

Einmal nur Klarheit

Einmal nur Klarheit, ich bitte Dich, nur ein einziges Mal. Was gestern geschah hat mich verwirrt, was jetzt mit mir passiert verwirrt mich auch. Ich weiß nicht woran ich glauben soll, ich weiß nicht wer Du bist, ich weiß nicht mehr wer ich bin.

Ist das Wahrheit, ist das ein Traum? Kannst Du mir die Antwort nicht geben? Muss ich die Zukunft verträumen?

Im Moment stehe ich an einer ausrangierten Straßenbahnhalte-stelle, warte auf die Bahn und friere. Jedoch sehe ich sie immer nur vorbeifahren, keine hält für mich. Ich sehe die Menschen frustriert auf ihren Plätzen sitzen, aber keiner sieht zu mir hinaus. Was sollten sie auch schauen, sie sitzen im Warmen und ihre Richtung ist geradeaus.

Einmal nur, einmal, wird ein Zug für mich anhalten, und Du wirst herauskommen und sagen: „Lass uns gehen!"

Der Hase

Ich erblickte das erstemal das Licht der Welt, als man mich aus dem Zauberhut herausnahm und mich dem Publikum präsentierte.

Die Menge applaudierte. Meine Ohren schmerzten und sie sahen mir lachend in die Angst meiner Augen.

Die Scheinwerfer waren alle auf mich gerichtet und ließen meine Tränen trocknen.

In diesem Moment war mein einziger Wunsch vom Zauberstab berührt zu werden, um wieder in der Unendlichkeit unterzutauchen, ohne je die Welt erblickt zu haben. Ohne jemals unterm Sternenzelt über Rosenfelder ausgeritten zu sein.

Aber ich hatte während meiner kurzen Existenz gelernt, dass man einen Zauber nicht rückgängig machen kann.

So schaue ich ihnen in ihre lachenden Gesichter und mache genau das, was sie von mir sehen wollen: Ich mache gar nichts.

Allmählich beruhigten sie sich und zwei Clowns kommen, um mich zu holen. Unter ihrer Schminke sehe ich mich.

Sie trugen mich heraus, der Scheinwerfer ging aus, der Vorhang fiel.

Am nächsten Tag wachte ich auf und war ein Clown, um des Zauberers Hasen zu holen. Ich betrat die Bühne und sah das gleiche Publikum wie am Vortag, welches wie Wölfe in einem Rudel mit ihren Blicken die letzte Hoffnung aus dem schon zerfetzten Hasen herausfraßen. Die Hetze ihres Jubels ließ rasch nach und meine Schminke verlief.

Ich schaute zu ihnen ein letztes Mal hinauf, ergriff den heiligen

Stab und berührte den Zauberer damit: Er verschwand.

Es wurde still und weinend verließ die Menge das Zelt.

Nur einen gab es, der noch einmal zurückblickte, es war ein glücklicher befreiender Blick und oft wache ich heute noch nachts auf und sehe in das Gesicht des Zauberers.

Abendprogramm

Meine Diät habe ich abgesetzt, es ist ohnehin keiner mehr da der sie würdigen würde. So sitze ich nun mit einer Tüte Kartoffelchips und einem gut temperierten Bier vor dem Fernseher und diskutiere mit der Talkmasterin der Mittagsshow. Ich bewundere ihre langen Beine, die gerade in dem knallroten Minirock hervorragend zur Geltung kommen und versuche nicht mit vollem Mund zu argumentieren. Wir sind nicht immer einer Meinung, dennoch wirft sie mir stetig ihr Lächeln zu. Ich hasse sie dafür, aber bleiben wir bei der Realität, Bomben werfen haben wir beide nicht gelernt.

Ich bin dafür, sie dagegen, genauso wie ihre Mitstreiter. Mal unter uns, ich würde gerne mal einen Atompilz in Farbe sehen, sagte ich und konnte sehen wie ihre Kinnlade sich langsam senkte und der Tränensack unter der Schminke auftauchte. Fangen sie mit ihrer Diät wieder an antwortete sie mir forsch, sie sind unerträglich geworden und... gaffen sie mich nicht so an, das mit dem Atompilz bekommen wir schon hin. Jedoch ist das Thema besser für das Abendprogramm, wegen der Zuschauerzahlen. So etwas können wir der arbeitenden Masse doch nicht vorenthalten.

Mein Pils entglitt mir aus den Händen, ich knipste den Fernseher aus und beschloss, meine Diät weiterzuführen.

Abends lasse ich den Fernseher jetzt aus und auch mittags konzentriere ich mich nur noch auf Illustrierte der letzten Jahre.

Das Verbrechen

Ich glaube, ich empfinde noch sehr viel für Dich, ...oder wieder? Es ist mir egal, ob Du Dich in all den Jahren verändert hast oder nicht. Ich sehe den Menschen, der jetzt in diesem Augenblick mir gegenübersitzt. Meine zerschmolzenen Knie zittern vor Deinen Worten und mein Kopf flieht aus Scham vor Deinen Blicken.
Du bist wunderschön, so wie Du schon immer in meinem Kopf warst. Ein immer wiederkehrendes Bild, ohne dass ich je die

Kraft hatte, es mit eigenem Willen zu verdrängen.

Aber, wie sage ich es Dir nur?

Nach allem was Geschehen ist, nach allem, was ich zerstört habe. Unsicher, wie eine von Husten geplagte Fledermaus fliege ich durch die dunkle Nacht, kein Stern, der mich leitet.

Kann ich Gewissheit geben? Das weiß ich alles nicht, jedoch weiß ich genau, was ich fühle.

Ich habe Angst! Angst vor Deiner Angst, Angst vor meiner Angst, Angst eine Chance vertan zu haben, Angst vor Ablehnung.

Ein Verbrechen, welches seine Schulden langsam tilgt, Jahr für Jahr, Tag für Tag und Stunde für Stunde holt mich nun rasend ein.

Ich habe keine Ahnung was Du denkst über mich, über uns. Die Unsicherheit lässt die Zukunft verstummen? Ich mag es nicht zulassen.

Warum tut mir jede Trennung so weh, wenn ich Dich abends gehen lasse? Warum möchte ich Dich bei jeder Umarmung nicht mehr loslassen?

Nimm meine Hand und halt sie nächstes Mal ein wenig länger fest bevor Du gehst.

Wir haben alle Zeit der Welt. Inzwischen unterhalte ich mich mit den Fledermäusen, hänge mit ihnen herum und warte hier auf meinen Hustensaft und Dich.

Das Match

Der Aufschlag kam sehr hart.
Der Gegenspieler krümmte sich,
ging zu Boden
und rührte sich nicht mehr.
Tot?
Spiel, Satz, Sieg!

Der Vergessene Hund

Ich hab vergessen, was ich Dir sagen wollte, es kann nicht wichtig gewesen sein. Hör ruhig Deine italienische Musik weiter, Du brauchst nicht leiser zu drehen, Du brauchst Dich nicht umdrehen, denn ich werde jetzt ohnehin noch um die Häuser ziehen. Ich nehme den Hund mit, Du brauchst Dich nicht um ihn zu kümmern. Sieh, er steht schon an der Tür und wartet auf mich. Du brauchst nicht warten, es kann spät werden. Du weißt ja, ich habe bis heute Schwierigkeiten den Weg nach

Hause mit geschlossenen Augen zu finden. Der Hund wird mir auch nicht helfen, er ist zu schlau.

Also gut, genug geredet, ich werde jetzt gehen sonst lohnt es sich gar nicht mehr. Dein Essen steht im Ofen. Du musst ihn nur noch anschalten oder soll ich den Timer programmieren? – Sag mal nerv ich Dich? Ist das ein bekannter Tenor, den Du hörst? Ich verstehe nicht was er singt. Da wirst Du wohl recht haben, für diese Musik reicht mein Hirn nicht aus, aber ich bin mir sicher, er wird über etwas besonders schönes singen. Kannst Du Dich noch an den Italiener erinnern, den Du letzten Urlaub kennen gelernt hast? Er hat Dich immer zum Lachen gebracht, sagtest Du. Ich hab Dich noch nie so glücklich gesehen. – Weißt Du eigentlich, dass ich Dich liebe? Der Hund auch, wir beide haben Dich sehr lieb und sind froh, dass wir Dich haben. Ich geh jetzt, ich habe ohnehin vergessen, was ich sagen wollte. Ach ja, die Blumen habe ich gegossen und die Tabletten habe ich aus der Apotheke besorgt. Du kannst ganz beruhigt sein, Dir wird an Schlaf nicht mangeln. Ich werde auch langsam müde, aber der

Hund muss noch raus. Manchmal denke ich, Du magst den Hund nicht, ich hätte ja auch nicht gedacht, dass er so groß werden kann. Er versteht Deine Musik auch nicht, es ist ein deutscher Hund. Hab ich Dir schon erzählt, wie gut er sich mit der Katze unserer Nachbarin versteht? Das war Liebe auf den ersten Blick, wie bei uns, Schatz. Ich gehe jetzt, bleib ruhig sitzen, ich möchte Dir keine Last sein. – Sieh! Der Hund hat auf den Teppich gemacht, das hat er noch nie getan. Ich werde es sofort wegmachen, dreh Dich nicht um, dann siehst

Du es gar nicht. Du drehst ja Deine Musik leiser?

Ja, mit dem Hund war ich schon draußen, aber ich hab ganz vergessen, was ich Dir sagen wollte!

Familienabend

Ich saß wie jeden Abend neben meiner Großmutter im warmen Wohnzimmer, und wir sahen Fernsehen. Ich schmierte mir dabei ein Brot, stach anschließend mit dem Messer auf meine Großmutter ein und schaltete um.
Mein Großvater kam, setzte sich neben seine Frau, schenkte sich ein Bier ein und sagte: Prost !

Uninteressante Geschehnisse

Die Geschehnisse, die ich zu berichten habe, interessieren keinen.

Wir fahren auf der Autobahn des Lebens und haben vergessen, wofür es eigentlich einen Rückwärtsgang gibt.

Keiner schaut aus dem Fenster. Die Scheiben sind verdunkelt und verwischen die Zeitlupe der Wirklichkeit. Keiner steigt aus. Aber das hat nichts mit dem zu tun, worum es eigentlich geht.

Was mir hilft ist der Blick nach oben, der erste Gang und ein Paar Wanderstiefel ohne Profil.

Als ich mit ihnen einen Berg bestieg, um zu sehen was die Zukunft mir bringt, bin ich heruntergefallen. Ein wenig Geröll nahm ich mit.

Unversehrt im Tal angekommen, blickte ich noch einmal auf den Gipfel des Berges zurück. Er lag in einer Wolke.

Dies zur Kenntnis genommen, ging ich ohne Rast zurück auf meinen Gipfel, setzte mich auf die Wolke und schrie in die Ewigkeit.

Niemand wird es je hören können, doch das Echo holt euch ein. Ihr habt keine Wahl!

Bleibt stehen und schreit es zurück oder kommt hoch zu mir auf meine Wolke und hört die Geschehnisse, die keinen interessieren.

Jesus

Als ich neulich beim Arzt im War-
tezimmer ein Wochenmagazin in
die Hand nahm, las ich einen Arti-
kel wie sie das Aussehen von Jesus mit Hilfe von High-Tech-
Mitteln ermittelt haben.

Die computeranimierten Photos
waren verblüffend und als mich
dann der Arzt aufrief und ich in
der Kernspintomographie lag,
wurde mir klar:

„Mein Gott, dass war er wirklich!".

Nach fünf in Deutschland

Nach fünf wird es dunkel in Deutschland. Die Menschen schieben sich durch die Straßen der Städte, der Regen lässt sie frieren und sie haben keine Sicht mehr durch die beschlagenen Brillen. Die Köpfe sind nach unten geneigt, sie haben Angst ins offene Messer zu laufen.

Ab und zu einen Smalltalk mit einem schon einmal Gesehenen und an den Schuhen Erkannten. Ansonsten die einfache Beobachtung des eigenen Schrittes.

Nach Hause wollen sie nicht, dort liegt ihr einstiger Treueschwur mit dem Grafen von Monte Christo gemeinsam Socken stopfend im Bett und wundert sich, dass die Kinder schon aus dem Haus sind. Sie rufen manchmal an, aber man freut sich dennoch schon, wenn man wenigstens an Heiligabend eine Postkarte aus dem Skiurlaub erhält. Die Post kommt schon gegen Mittag, jedoch wird der Briefkasten erst viel später geöffnet. Dann ist die Schrift kaum noch zu erkennen, denn nach fünf wird es dunkel in Deutschland.

Verschlafen

Eins, zwei, drei...- mach die Augen zu - ... Du darfst nichts sehn, es ist besser für Dich...-vier, fünf, sechs...- halte sie immer noch geschlossen, schau nicht zurück, Du wirst nichts sehen, Deine Augen sind zu. Die Zukunft ist klar, irgendwann wirst Du die Augen ja mal wieder öffnen. Es wird am Anfang vielleicht alles etwas verschwommen sein, aber das legt sich mit der Zeit. Andere können das auch, selbst ohne Brille. Schau Dich nicht gleich um, es wird Dich schwindelig machen, geh keinen Schritt zurück, denn sonst muss ich weiterzählen. Sieben, acht neun,...- Du darfst nicht schummeln, nicht blinzeln und guck auch nicht nur mit einem Auge, auch wenn diese Gabe bewundernswert ist. Nur einen Trick von Deiner Seite, dann fange ich wieder von vorne an zu zählen. Einen Blindenhund brauchst Du nicht, Du kamst bislang auch ohne seine Hilfe durchs Leben. Außerdem ist heute Samstag, da macht die Telekom schon um zwei Uhr zu. Es ist halb drei! Anrufen kannst Du mich nicht, ich würde nicht abnehmen, spar Dir diesen Weg.

Zehn, elf, zwölf,...- Du darfst die Augen jetzt öffnen - ich bin nicht mehr da, ich bin vielleicht auch nie dagewesen. Das Zählen hast Du nur geträumt. Bis zwölf sind wir gekommen und es ist Samstag halb drei, die Telekom machte heute schon um zwei zu.

Das Warten hat sich gelohnt

Das Warten auf einen Anruf von Dir macht den Anrufbeantworter noch arbeitsloser, als er eigentlich schon ist, das Radio überträgt eine Weihnachtsmesse, welche in meinem Zimmer keine Antwort findet und der Blick nach draußen macht mich blind.

Ich steh auf, spring aus dem Fenster und höre noch im Flug das Telefon klingeln.

Die Brücke

Genau in der Mitte sah ich sie auf der Brücke stehen, ich wusste nicht aus welcher Richtung sie gekommen war und wusste nicht in welche sie gehen wird.

Ganz regungslos stand sie dort und beobachtete mich, bis meine Stirn anfing zu bluten. Ich wischte mir das Blut mit einem Taschentuch ab und warf es in einen von einem alten Mann geschobenen Kinderwagen mit unbekanntem Inhalt.

Die Frau grinste, der alte Mann, der nichts zur Sache tat, starb noch bevor er die Brücke betrat.

Anschließend kam eine Kindergartengruppe an mir vorbei, sah den Mann tot im Dreck liegen, dachte es sei ihr Großvater und lachte los.

Die Frau auf der Brücke stand immer noch dort und meinte: „Das sind alles meine Kinder, jedes einzelne!". Und es waren garantiert zwanzig an der Zahl. „Dann war das Ihr Vater?", fragte ich verwundert. Es kam jedoch keine Antwort. Die Kinder verschwanden in der Stille und die Frau sprang von der Brücke.

Mit ruhigem Gewissen ging ich nach Hause und war froh nicht beobachtet zu werden.

Kindstod

In Atlantis geboren, in Babylon gestorben. Inzwischen war ich hier. Es hat mir nicht gefallen, also ging ich wieder.

Noch leben sie

Nun ist es soweit. Ich kann meine Haare wachsen lassen, meine Großeltern erkennen mich ohnehin nicht mehr.

Tot? Nein, tot sind sie nicht, höchstens todkrank, noch leben sie. Wie sollte ich das auch meinen Kindern erklären?

Die langen Haare werden den Kindern nicht weiter auffallen, nur der Bart wird beim Gutenachtkuss stören.

Aber die Tage werden vergehen, sie müssen lernen auch darauf zu verzichten.

Ja, lange Haare sind was schönes, doch wenn meine Großeltern gestorben sind, schneid ich sie wieder ab.

Aber noch leben sie ja.

Richter

„Sind wir nicht alle nur gerichtete Richter, die von gerichteten Rich- tern gerichtet werden und richten Richtige selbst zu gerichteten Richtern?", fragte mein Sohn und ich drosch auf ihn ein, da ich es als gerichteter Richter richtig hielt zu Richten.

Es wird kälter

Ich dachte immer Liebe sei ein
Substantiv und wird groß ge-
schrieben.
So kann man sich irren.
Zieh dich warm an!
Es wird kälter…